GUÍA PRÁCTICA DE PROGRAMACIÓN SQL PARA PRINCIPIANTES.

Contenido

GUÍA PRÁCTICA DE PROGRAMACIÓN SQL PARA PRINCIPIANTES. 1

¿Qué es SQL (lenguaje de consulta estructurado)? 6

Los siguientes usos de SQL: 6

La información contenida en una o más tablas de datos se representa lógicamente mediante vistas. 8

¿Dónde está la fuente de datos de SQL Server? 9

¿Cuántas fuentes de datos SQL se crean? 9

Sentencia SELECT en SQL Server. 10

Descripción 10

sintaxis 10

Cláusula WHERE en SQL 11

Operadores de la cláusula WHERE 13

CAS para servidor SQL 14

Una entrada CAS 14

CONECTAR lo básico 15

Tipos de combinación SQL simples 17

UNIRSE 18

3

Exploración y agregación de datos de SQL Server...19

problema..19

Solución 21

describir 21

Las funciones de ventana tienen la siguiente sintaxis: 24

nombre de la función de ventana....................25

oración completa 25

Operaciones de fecha SQL Fechas SQL 29

Análisis exploratorio de datos de Python (EDA) con SQL 31

El artículo 32

¿Por qué debo hacer una EDA? 33

¿Cómo usar SQL para el análisis de datos?......35

¿DÓNDE debo practicar consultas SQL complejas? 36

¿Qué hacen las consultas SQL sofisticadas? 36

¿Cómo puedo hacer que mis complicadas consultas SQL sean más eficientes?.................37

Uso de SQL para crear un modelo de aprendizaje automático (ML)..........................38

4

Aprendizaje automático con SQL......................38

¿Cuántos registros se crean usando SQL? 39

¿Cómo se crea un conjunto de datos para el análisis?..39

¿Cómo se pueden modificar los datos en SQL? 41

¿Qué significa modificar datos SQL?................41

tipos simples de unión SQL ....

UNIRSE DENTRO 15

Exploración y agregación de datos de SQL Server. 15

tarea 15

soluciones 17

vista previa 17

Las funciones de ventana tienen la siguiente sintaxis: 20

nombre de función de ventana 21

Penalización superior a 21

Operaciones de fecha SQL Fechas SQL 24

Análisis exploratorio de datos de Python (EDA) con SQL 26

Nota 26

5

¿Por qué debo hacer una EDA? 27

¿Cómo usar SQL para el análisis de datos? 29

¿DÓNDE debo practicar consultas SQL complejas? 30

¿Qué hacen las consultas SQL sofisticadas? ...30

¿Cómo puedo hacer que mis complicadas consultas SQL sean más eficientes? 31

Uso de SQL para crear un modelo de aprendizaje automático (ML) 32

Aprendizaje automático con SQL 32

¿Cuántos registros se crean usando SQL? 33

¿Cómo se crea un conjunto de datos para el análisis? 34

¿Cómo se pueden modificar los datos en SQL? 35

¿Qué significa modificar datos SQL? 35

¿Qué es SQL (lenguaje de consulta estructurado)?

Un lenguaje de programación definido llamado SQL, que significa Lenguaje de consulta estructurado, se utiliza para administrar bases de datos relacionales y realizar varias operaciones en los datos que contienen. Desarrollado originalmente en la década de 1970, SQL es comúnmente utilizado por administradores de bases de datos, programadores que crean scripts para la integración de datos y analistas de datos que configuran y ejecutan consultas analíticas.

Los siguientes usos de SQL:

Los sistemas de administración de bases de datos relacionales (RDBMS) permiten a los usuarios modificar las estructuras de tablas e índices de la base de datos, agregar, actualizar y eliminar filas de datos y recuperar subconjuntos de información. Estas acciones se pueden utilizar para el procesamiento de transacciones, aplicaciones analíticas y otras aplicaciones que requieren interacción con una base de datos relacional.

Los usuarios pueden agregar, modificar o recuperar información contenida en las tablas de la base de datos utilizando consultas con SQL además de otras operaciones que generalmente toman la forma de comandos.

La parte más básica de una base de datos es una tabla, que contiene filas y columnas de datos. Cada registro se administra en una sola fila de tabla y está contenido en una sola tabla. El tipo más común de estructura o elemento de base de datos relacional que almacena o hace referencia a datos son las tablas. Estos son algunos otros tipos de elementos de la base de datos:

La información contenida en una o más tablas de datos se representa lógicamente mediante vistas.

Las búsquedas en bases de datos podrían acelerarse mediante el uso de tablas de búsqueda indexadas.

La información de ciertas tablas, a menudo un elemento de esa información seleccionado en función de los criterios de búsqueda, se utiliza para generar informes.

Cada fila de una tabla contiene un valor de información para la fila que se cruza, y cada fila de una tabla corresponde a un tipo de datos, como el nombre o la dirección de un cliente.

¿Dónde está la fuente de datos de SQL Server?

Abra el proyecto o conéctese a la base de datos que contiene la vista del origen de datos que desea usar para buscar datos en SQL Server Data Tools. Haga doble clic en la vista del origen de datos después de expandir la carpeta Vistas del origen de datos en el Explorador de soluciones.

¿Cuántas fuentes de datos SQL se crean?

Acceda a Herramientas administrativas desde el Panel de control, luego elija entre Fuentes de datos ODBC (64 bits) y Fuentes de datos ODBC (32 bits). También puede ejecutar odbcad32.exe en su lugar. Haga clic en Agregar después de seleccionar la pestaña DSN de usuario, DSN de máquina o DSN de archivo. Haga clic en Finalizar después de seleccionar SQL Server. **Sentencia SELECT en SQL Server.** Usando terminología y ejemplos, esta lección de SQL Server demuestra cómo usar el comando SELECT en Transact-SQL.

Descripción

Para recuperar datos de una o más filas en una base de datos de SQL Server, use el comando SELECT en SQL Server (Transact-SQL).

sintaxis

La sintaxis básica de la instrucción SELECT de SQL Server (Transact-SQL) es la siguiente:

SELECCIONE sentencias DE tablas [restricciones DONDE];

Sin embargo, para SQL Server (Transact-SQL), la sintaxis de consulta SELECT completa es:

Selecciona "TODO | ÚNICO"
[/TOP (valor superior) [%]
expresiones de tabla [CON LAZOS]
[DONDE circunstancias]
Las expresiones se agrupan por.
(CONDICIONAL)

[ORDEN POR FÓRMULA] ; [ASC | DESCRIPCIÓN]

Cláusula WHERE en SQL
La cláusula WHERE en SQL
Los registros se pueden filtrar utilizando la cláusula WHERE.

Su finalidad es extraer únicamente los registros que cumplen un requisito específico.

SELECCIONE columna1, columna2,... DESDE nombretabla DONDE condición; Nota: La cláusula WHERE se usa en los comandos UPDATE, DELETE, etc. así como en sentencias SELECT!

Mostrar base de datos
Estos son algunos ejemplos de la tabla Clientes en la base de datos de ejemplo de Northwind:

ID de cliente Nombre de cliente Nombre de contacto Dirección Ciudad Código postal País 1

The Futterkiste, Alfred57 Maria Anders Obere Str., Berlin, Germany, 12209 Emparedados and Helados by Ana TrujilloAna Trujillo Avenue of the Constitution 2222 Mexico, DF 05021 MexicoJonathan Moreno

TaqueraMexico 4 Antonio Moreno Mataderos 2312 Mexico DF 05023

From Horn to Horn120 Hanover Square, Londres, WA1 1DP, Reino UnidoBerglunds Quick RentalsBerguvsvägen 8 Christina Berglund/.

Operadores de la cláusula WHERE

La cláusula WHERE admite el uso de los siguientes operadores:

Operador Descripción Ejemplo = Igual a > Mayor que Menor que >= Mayor que o igual a = Menor que o igual a > No igual a. Nota: Este operador se puede escribir de la siguiente manera: en diferentes versiones de SQL.= ENTRE En un rango específico

AS Coincide con un patrón IN para denotar valores potenciales de una columna de diferentes maneras.

CAS para servidor SQL

Expresión CASE simple para SQL Server

La sintaxis básica de la expresión CASE se muestra a continuación:

Una entrada CAS

CUANDO en ENTONCES rn, luego e1, ENTONCES r1, luego e2, ENTONCES r2, etc.

DE LO CONTRARIO re] FIN

La expresión CASE simple determina si una expresión (ei) en cada cláusula WHEN y la expresión de entrada (input) son equivalentes. El resultado (ri) en la cláusula THEN coincidente se devuelve si la expresión de entrada coincide con una expresión (ei) en la cláusula WHEN.

La expresión CASE devuelve el valor de la cláusula ELSE (re) si la expresión de entrada no coincide con ninguna otra expresión, siempre que la cláusula ELSE esté disponible.

La expresión CASE devuelve NULL si se omite la cláusula ELSE y la expresión de entrada no coincide con ninguna expresión de la cláusula WHEN.
Explicar los tipos de SQL JOINS con ejemplos

CONECTAR lo básico

Los datos se almacenan en varias tablas unidas por un valor de clave común en bases de datos relacionales como SQL Server, MySQL y Oracle, entre otras.

Entonces, a veces es necesario resumir los datos de cualquier número de tablas en una tabla de resultados. La cláusula SQL JOIN en SQL Server facilita esta operación.

Según las conexiones lógicas entre tablas, la frase SQL JOIN se usa para recuperar y consultar datos de diferentes tablas.
En otras palabras, JOINS especifica cómo un servidor SQL debe seleccionar entradas de otra base de datos en función de la información de otra fuente .

Hay varios tipos de JOIN en SQL Server, incluidos INNER JOIN, LEFT OUTER JOIN, RIGHT OUTER JOIN, SELF JOIN y CROSS JOIN.

Tipos de combinación SQL simples

Uno de los muchos tipos de uniones que ofrece SQL Server son INNER JOIN, Internal JOIN, Crossover JOIN y OUTER JOIN. De hecho, cada tipo de unión describe cómo se unen dos tablas en una consulta. Otras subcategorías de uniones externas son UNIONES EXTERNAS COMPLETAS, UNIONES EXTERNAS DERECHAS y UNIONES EXTERNAS IZQUIERDAS.

- La función SQL INNER JOIN une registros de dos o más tablas con valores coincidentes para crear una tabla de resultados.
- Una consulta LEFT OUTER JOIN incluye elementos no coincidentes de la tabla especificada antes de la

cláusula LEFT OUTER JOIN en la tabla de retorno.

- La tabla de resultados producida por SQL RIGHT OUTER JOIN contiene todos los datos de la tabla derecha y solo las filas aceptadas de la tabla izquierda.

- Al unir la misma tabla consigo misma, el procedimiento SQL SELF JOIN permite una comparación línea por línea dentro de la misma tabla.

- El procedimiento SQL CROSS JOIN crea una tabla de resultados que contiene pares coincidentes de cada entrada de la primera tabla y cada fila de la segunda tabla.

UNIRSE

Los datos de ambas tablas se recuperan mediante el comando INNER JOIN, que solo devuelve registros o filas con valores coincidentes.

En nuestro ejemplo, queremos obtener datos de ventas. Las tablas Production y SalesOrderDetail.Product que usan SOD para Ventas como alias para detalles de órdenes de venta y producción. Producto. Comparamos los registros de estas columnas en la sentencia JOIN. Observe cómo SQL Complete maneja las recomendaciones de código.

Exploración y agregación de datos de SQL Server.

problema

Al procesar datos relacionados con transacciones almacenados en SQL Server usando R para razonamiento estadístico, la exploración y agregación de datos son dos componentes críticos. Explorar datos utilizando lenguajes de ciencia de datos como R a menudo implica filtrar, reorganizar, transformar, agregar y visualizar datos. Hay muchas maneras de implementar estas funciones. El procesamiento de datos en particular a menudo requiere el uso de muchas bibliotecas, lo que requiere que los desarrolladores aprendan todas estas bibliotecas. Si hubiera un paquete flexible que pudiera actuar como una navaja suiza y realizar muchas funciones de transformación de datos en la misma biblioteca, sería más fácil para los desarrolladores nuevos en la ciencia de datos completar su trabajo. Puede encontrar información detallada sobre dicho paquete en esta guía de dos partes.

Solución

Las iniciativas de ciencia de datos pueden beneficiarse enormemente de las muchas opciones de manipulación de datos que ofrece el paquete dplyr R. Contiene un conjunto de verbos útiles para limpiar, organizar, visualizar y analizar datos. Para realizar tales tareas, se puede utilizar el paquete dplyr del lenguaje de programación R. Cuando se trata de grandes conjuntos de datos, no se recomienda almacenarlos en R; En su lugar, los datos deben recopilarse en SQL Server y procesarse con una herramienta R como dplyr.

describir

la exploración, manipulación y visualización de datos básicos . Usando SQL Server y R, veremos varias funciones de administración de datos de dplyr.

La configuración inicial, la configuración de datos, la configuración de R en SQL Server y las funciones básicas de selección, filtrado y barajado de datos habilitadas por el paquete dplyr se tratan en la Parte 1 de esta serie.

En la Parte 2, aprenderemos algunos de los métodos dplyr más complejos, incluida la agregación de datos, el encadenamiento de funciones y el mapeo básico de minería de datos.

Resumen de características de la ventana SQL de Windows SQL Server

Se crea una única fila de salida al combinar cálculos de varias filas de salida mediante funciones de agregado.

La función de agregación SUM() se utiliza en la siguiente consulta para obtener la compensación total de todos los empleados de la empresa:

El lenguaje de programación SQL (Structured Query Language) se utiliza para seleccionar SUM(salary) sum_salary FROM Workers.
Esto es lo que sucedió:

Cada fila de la tabla de trabajo se fusionó en una sola fila, como se puede ver en el resultado.

Una función de ventana realiza cálculos sobre un conjunto de filas, como una función agregada. Sin embargo, la combinación de múltiples líneas de salida en una sola no ocurre cuando se usa una función de ventana.

La función de ventana SUM() se utiliza en la siguiente consulta. Además de los salarios de cada empleado individual, también se determina la compensación total de todos los empleados:

FOR nombre, apellido, salario y sum_salary FROM trabajador; SUMA(salario) SOBRE();
Sintaxis de la función de ventana SQL
Las funciones de ventana tienen la siguiente sintaxis:

El lenguaje de consulta estructurado (SQL) se usa en expresiones de nombre de función OVER de Windows (cláusula_marco, cláusula_orden y cláusula_partición).

nombre de la función de ventana

el nombre de una función de ventana disponible, p. B. SUMA(), ROW_NUMBER() o RANK().

Expresión

la columna o expresión de destino en la que opera la función de ventana.

oración completa

El orden de las filas en una partición se especifica mediante la cláusula OVER, que genera particiones de ventana para crear grupos de filas. Las cláusulas divide, order y frame forman la cláusula OVER.

La cláusula de partición que divide las filas utiliza la función de ventana. Su sintaxis es la siguiente:

Todo el conjunto de datos se considera una sola partición si se omite la cláusula SPLIT BY. BY expr1, expr2, PARTITION BY... es SQL o lenguaje de consulta estructurado, lenguaje codificado.

Las filas de una partitura a las que se aplica la función de ventana se enumeran en la cláusula de orden:

DESCRIBE POR FÓRMULA El lenguaje de consulta estructurado, "[ASC|DESC]," [NULL LAST|NULL FIRST] es un lenguaje de programación.
Un elemento de esta partición es un marco. Se utiliza una de las

siguientes sintaxis para definir el marco:

Frame_start filas entre Frame_Start y Frame_End en ARRAY | ESPACIO DE SERIE | LÍNEAS

El lenguaje de programación utilizado es el lenguaje de consulta estructurado (SQL) y frame_start puede tomar uno de los siguientes valores:

N PRIOR UNBINDED PREVIOUS es la fila actualmente en uso.

El final del marco es uno de los siguientes parámetros en el lenguaje de programación SQL (Structured Query Language):

UNA LÍNEA DESPUÉS DE N SIGUE NO TIENE LÍMITES.

Operaciones de fecha SQL Fechas SQL

Siempre que sus datos solo contengan el componente de fecha, sus consultas se comportarán como se espera. Pero cuando agregas un elemento de tiempo, se vuelve más difícil.

Tipos de datos de fecha SQL
MySQL proporciona los siguientes tipos de información para almacenar una fecha u hora y un valor de ubicación en una base de datos:

El formato de fecha es AAAA-MM-DD.
El formato de hora para las fechas es HH:MI:SS AAAA-MM-DD.
MARCA DE TIEMPO - Estilo: HH:MI:SS AÑO AA o AAAA-MM-DD

Para almacenar un valor de fecha u hora en la base de datos, SQL Server proporciona los siguientes tipos de datos:

El formato de fecha es AAAA-MM-DD.

El formato de hora para las fechas es HH:MI:SS AAAA-MM-DD.

El formato TIMESTAMP para SMALLDATETIME es HH:MI:SS AAAA-MM-DD, que es un número entero único.

Recuerde: ¡los tipos de fecha se eligen para una columna cuando crea una nueva tabla en su base de datos!

Uso de fechas en SQL
Mira la tabla a continuación:

Tabla de pedidos 1 ID de pedido Nombre del producto Fecha de pedido 2008-11-11 Geitost 11/09/2008 Pierrot 2 Camembert Mascarpone 29/10/2008 3 Mozzarella di Giovanni 11/11/2008 3 Fabioli

Análisis exploratorio de datos de Python (EDA) con SQL

El análisis exploratorio de datos (EDA) utiliza gráficos estadísticos junto con métodos de representación de datos adicionales para analizar conjuntos de datos y resaltar sus propiedades clave. EDA se usa típicamente para examinar lo que nos dicen los datos más allá de los modelos oficiales o la prueba de hipótesis, pero se pueden usar o no otros modelos estadísticos.

bueno, siempre...

El artículo

Los datos de Fitbit se revisan minuciosamente. Se destacan y discuten los hallazgos más importantes. Para el estudio presentado aquí, se recopilaron 940 puntos de datos de 33 usuarios diferentes.

Al leer este artículo, quiero que comprenda la lógica y la mentalidad detrás de escribir el código.

Primero, mapeamos los minutos y las millas según el nivel de actividad de cada persona para obtener una visión general de su estilo de vida.

¿Por qué debo hacer una EDA?

Creo que una mejor consulta sería:

¿Cuándo no querría usar EDA?

EDA es uno de los pasos más importantes en la ciencia de datos y nos permite obtener información específica y medidas estadísticas de los datos con los que estamos trabajando. Para una lista ilimitada de usuarios, como gerentes comerciales, partes interesadas, científicos de datos, etc., esto es vital.

EDA ayuda a los científicos de datos a definir y refinar la selección de variables de características críticas utilizadas en el modelo de aprendizaje automático no entrenado.

Usaremos algunos datos de FitBit en esta historia para ilustrar nuestro punto.

Los científicos de datos, los estadísticos, los científicos médicos, los fisiólogos y los psicólogos, por nombrar algunos campos de investigación académica, están interesados en estudiar los datos del rastreador de actividad física. Encontrar correlaciones en datos de series temporales complejas como FitBit Fitness Tracker puede ayudar a detectar tendencias en la vida cotidiana, así como desviaciones de esos patrones.

¿Cómo usar SQL para el análisis de datos?

- Entrenamiento SQL para ciencia de datos

- Conceptos básicos de SQL en la Etapa 1. Leerá bases de datos y analizará datos en función de su caso de uso como científico de datos.
- Agregaciones en el paso 2.
- Paso 3: Ordenar y agrupar.
- Paso cuatro: unirse.
- Quinto paso: subconsultas.
- Paso 6: Usar SQL para resolver problemas de negocios.
- Las funciones de ventana son el séptimo paso.

¿DÓNDE debo practicar consultas SQL complejas?

Un curso completo de función de ventana con más de 200 ejercicios interactivos está disponible en LearnSQL.com. Funciona con MS SQL Server, MySQL 8 y PostgreSQL.

¿Qué hacen las consultas SQL sofisticadas?

LearnSQL.com - ¿Qué es SQL avanzado?

De acuerdo con esta respuesta, la selección de columnas, las funciones agregadas como MIN() y MAX(), la declaración CASE WHEN, JOINS, la cláusula WHERE, GROUP BY, la configuración de variables y las subconsultas están cubiertas por Advanced SQL. Sin embargo, la siguiente respuesta clasifica la mayoría de estas materias como elementales o intermedias como máximo.

¿Cómo puedo hacer que mis complicadas consultas SQL sean más eficientes?

Debe optimizar sus consultas para que tengan el menor impacto negativo en el rendimiento de la base de datos.

Primero, determine las necesidades del negocio.

En lugar de usar SELECCIONAR *, use los campos SELECCIONAR...

Evite usar SELECT DISTINCT.

Cree uniones con INNER JOIN en lugar de WHERE.

En lugar de usar HAVING para crear filtros, use WHERE.

Los comodines solo deben usarse al final de las oraciones.

Uso de SQL para crear un modelo de aprendizaje automático (ML).

¿SQL es compatible con el aprendizaje automático?

Aprendizaje automático con SQL

SQL facilita la carga, limpieza, inspección y recuperación de registros de relaciones que son comunes en los registros. Por lo tanto, ya sea que esté configurando una nueva red de aprendizaje o trabajando en ETL para un sistema existente, SQL es una herramienta útil y un componente crucial del aprendizaje automático.

¿Cuántos registros se crean usando SQL?

1. Usar
2. En la página Biblioteca, haga clic en Importar datos.
3. En la pantalla Importar datos, seleccione una conexión.
4. Localice la tabla que desea importar desde su fuente.
5. Para examinar las columnas en el conjunto de datos, haga clic en el botón Vista previa.
6. Haga clic en el botón Crear registro usando SQL.
7. El campo de la derecha ahora contiene la fuente modificada.

¿Cómo se crea un conjunto de datos para el análisis?

En el panel de datos de SAP, haga clic en el icono Business Creator. A continuación, seleccione "Nuevo conjunto de datos analíticos". Seleccione la unidad de datos que desea utilizar en este registro. Haga clic en la entidad que desea usar o use la barra de búsqueda superior de la ventana emergente para buscarla.

¿Cómo se crea un conjunto de datos para el análisis?

En el panel de datos de SAP, haga clic en el icono Business Builder. A continuación, seleccione "Nuevo conjunto de datos analíticos". Seleccione la unidad de datos que desea utilizar en este registro. Haga clic en la entidad que desea usar o use la barra de búsqueda superior de la ventana emergente para buscarla.

¿Cómo se pueden modificar los datos en SQL?

Uso de SQL Server Management Studio

Para recuperar las filas que desea modificar, es posible que deba modificar la instrucción SELECT en el panel SQL. En la ventana de resultados, busque la fila que debe editarse o eliminarse. Haga clic con el botón derecho en la fila y elija Eliminar para eliminarla. Edite los datos de la columna para realizar cambios en uno o más de los datos de la columna.

¿Qué significa modificar datos SQL?

La edición de datos es fundamentalmente diferente de la búsqueda de datos. Examinar el contenido de las tablas es un paso necesario para consultar datos. Para adaptar los datos, se debe modificar el contenido de la tabla. Edite los datos de su base de datos. restar filas.

www.ingramcontent.com/pod-product-compliance
Lightning Source LLC
Chambersburg PA
CBHW060855260726
48661CB00008B/3274